LES ŒUVRES DE LA MAIN

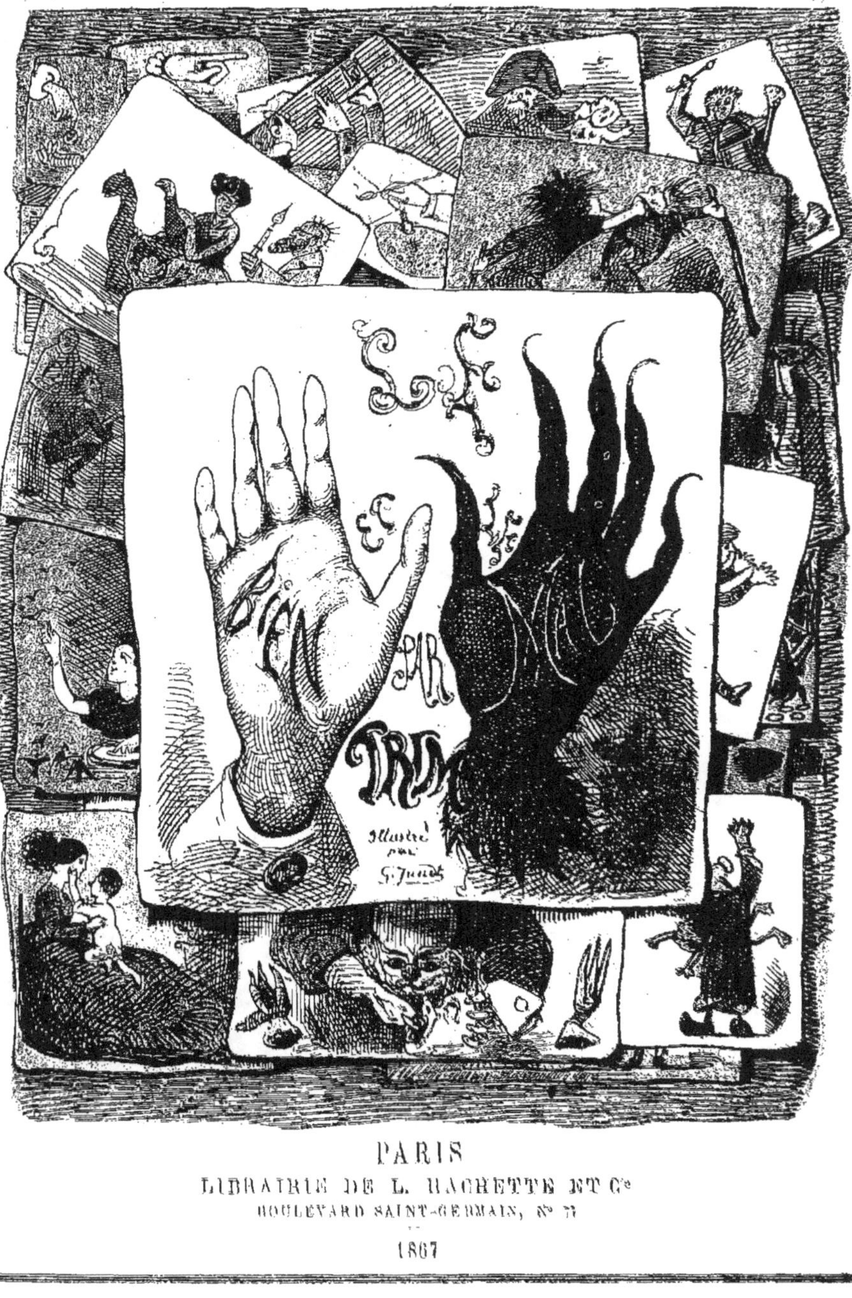
PAR
TRIM
Illustré par
G. Jundt

PARIS
LIBRAIRIE DE L. HACHETTE ET Cie
BOULEVARD SAINT-GERMAIN, N° 77

1867

LES ŒUVRES DE LA MAIN

PARIS

LIBRAIRIE DE L. HACHETTE ET Cie

BOULEVARD SAINT-GERMAIN, No 77

1866

LES ŒUVRES DE LA MAIN

La Main est un outil qui nous sert à tout faire.
On a le cœur joyeux quand la main fait le bien ;
    On est triste au contraire
Quand elle fait le mal ou qu'elle ne fait rien.

Vous voyez, mes enfants, ici sur cette page
Les mains de deux enfants : le bon et le vaurien ;
La main, qui fait le mal, la main qui fait le bien,
Jean le mauvais sujet et Gaston toujours sage.
A la sonnette Jean se pend, criant : « Au feu ! »
Gaston joint les mains, prie et se suspend à Dieu !

Gaston est caressé par une main chérie,
　　　La douce main de sa maman.
　　　Autrement est caressé Jean.
C'est la main de Toinon qui, pendant que Jean crie,
Lui caresse l'endroit, pour parler proprement,
Où le dos s'arrondit et s'appelle.... autrement.

Gaston soigneusement a retroussé ses manches
Et se lave les mains qu'il a propres et blanches.
Il faut tout un baquet pour les ignobles mains
    Que Jean traîne dans les chemins
    Ou promène dans l'écritoire.

Le Bien a la main blanche et le Mal la main noire.

La main bonne construit,
La mauvaise détruit.

Gaston fait un château; par des efforts adroits
Les cartes tout debout se tiennent sous ses doigts.
Mais lorsque l'édifice est au dernier étage,
Jean donne un coup de main — qui détruit tout l'ouvrage ;
Il rit alors, le traître, et son frère pâlit.

Soyez la main qui fonde et non qui démolit.

Quatre mains peuvent faire un fort joli duo.
Michel savait la flûte, et sa sœur le piano.

Mais si vous ne savez, comme ces affreux mioches,
    Que faire un dur charivari
De tambour, arrosoir, casserole et cricri,
    Mettez les deux mains dans vos poches.

La Main peut en jouant faire de belles choses.
On prend quelques papiers noirs ou bleus, verts ou roses ;
    Puis, à la pointe des ciseaux
On découpe avec art des arbres, des chevaux,
    Des silhouettes d'animaux,
    Hommes, bêtes et paysages.

Mais ce n'est pas dans les tableaux
    Qu'il faut découper vos images,
Comme font ces enfants stupides et sauvages.

C'est la Main qui dessine et qui peint. Mais pour être
Peintre ou dessinateur, pour devenir un maître,
Il faut beaucoup d'étude et de peine et d'effort.
Anna dessinait bien ; Charlot n'était pas fort :
Tous les deux copiaient un buste de Minerve ;
Mais celle de Charlot louchait horriblement.
Le maître vient d'entrer silencieusement,
Et se frottant les mains, sans rien dire, il observe.

De ces trois dessins-là,
Le premier, c'était le modèle ;
Le second, le dessin copié par Anna ;
Le troisième, celui que son frère, près d'elle,
Un jour qu'il n'était pas inspiré, dessina.

Contre un jeune arbrisseau, pour le faire tenir,
Anna met un tuteur, avec Charlot son frère ;
Dans ce travail utile on voit leurs mains s'unir.

Ces affreux galopins font juste le contraire :
Ils se pendent à l'arbre ; il plie, il va casser.

La Main doit soutenir et non pas abaisser.

La Main peut vendanger au bord des blés fleuris
Toutes les fleurs des champs que le printemps fait naître;
Mais si vous vous couchez au milieu des épis,
    Gare aux mains du garde champêtre!

Se tendre à l'indigent, s'ouvrir pour le malheur,
Voilà ce que la Main peut faire de meilleur.

Il pense autrement l'égoïste
Qui pour donner n'a pas de main.
On ne voit que son doigt qui dit au pauvre triste :
« Passez votre chemin ! »

Voilà, mes chers enfants, les mains de deux bandits,
Mains cruelles qui vont dévaliser les nids
Et des petits oiseaux faire crier la mère
    En lui volant ses chers petits.

Voici la bonne main de la gentille Claire
Qui nourrit les oiseaux et leur donne du pain
    Qu'ils viennent prendre dans sa main.

N'ayez pas une main brutale.
Voyez ces deux vilains; ne les imitez point.
Ils se donnent enfin une main amicale ;
Mais les brutaux d'abord se sont donné le poing.

Jeux de mains
Jeux vilains.
Au moins quand vous jouez, ayez la main légère,
Et frappez doucement et pas tous à la fois
Comme des marteaux sur du bois.

On joue à la main chaude, et chacun par derrière
S'essaye sur Jobard qu'a désigné le sort.
Il ne devine rien, sinon qu'on frappe fort.

Souvent la Main, si c'est un adroit chirurgien,
　　Nous fait un mal qui fait du bien.
Ne gardez pas de dent contre votre dentiste.
Quand sa main fait souffrir, c'est un mal passager.
Avec sa fluxion Paul va chez lui tout triste.
Il en revient riant, sautant, le cœur léger.
Il a laissé sa dent et son mal chez l'artiste.

La vieille à ces enfants dit la bonne aventure ;
Mais que sait—elle? Rien. A tort on se figure
Connaître l'avenir à des signes certains
      D'après les lignes de nos mains.
Sera-t-on grand? heureux? Aura-t-on longue vie?
Le chercher sur la main, mes enfants, c'est folie.
Mais on a le présent sur le front. L'enfant sage
A tout le bien qu'il fait écrit sur son visage.

On peut parler avec la main.
Les pauvres sourds-muets n'ont pas d'autre langage.
C'est l'abbé de l'Épée, un homme bon, humain,
Ami des malheureux, qui fit pour leur usage
Un alphabet très-clair. Voyez, tournez la page.
Avec de l'exercice on arrive bientôt
A parler couramment — sans prononcer un mot.

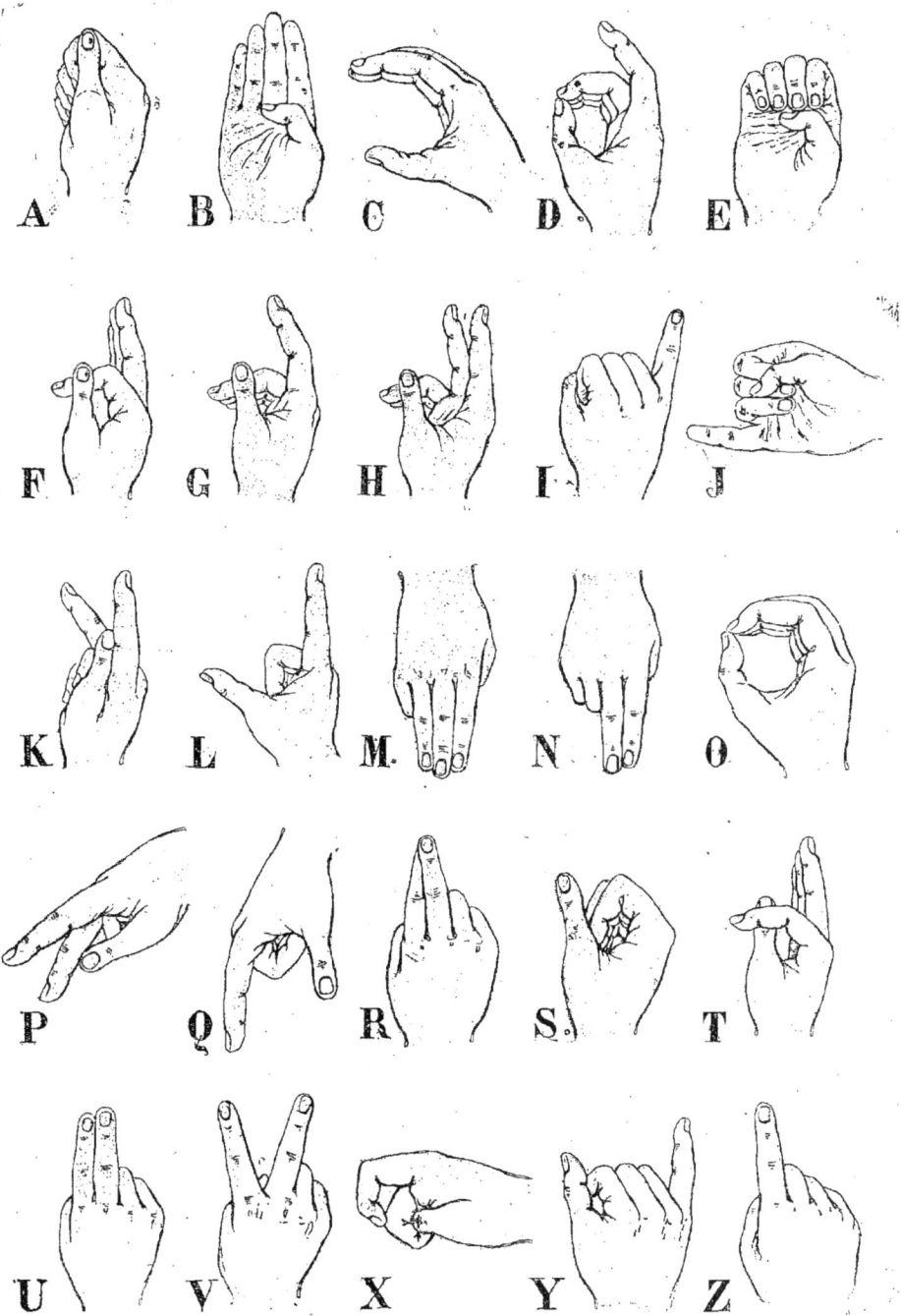

Le soir, sur un mur clair ou bien sur une porte,
La Main peut dessiner ombres de toute sorte :
    Des silhouettes d'animaux,
Des têtes de lapins, d'hommes et de chameaux ;
Et l'on compose ainsi des figures sans nombre.
Ce sont les jeux charmants de la Main et de l'Ombre.

Seulement, gardez-vous de faire avec la main
    L'arabesque de ce gamin.

LES OMBRES DE LA MAIN

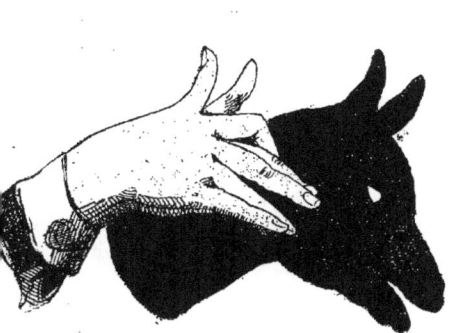

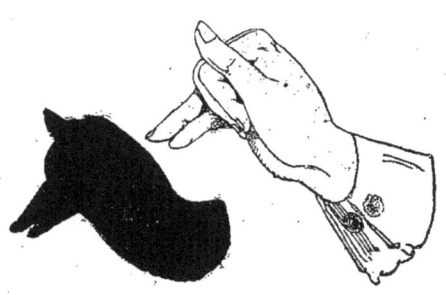

LES OMBRES DE LA MAIN

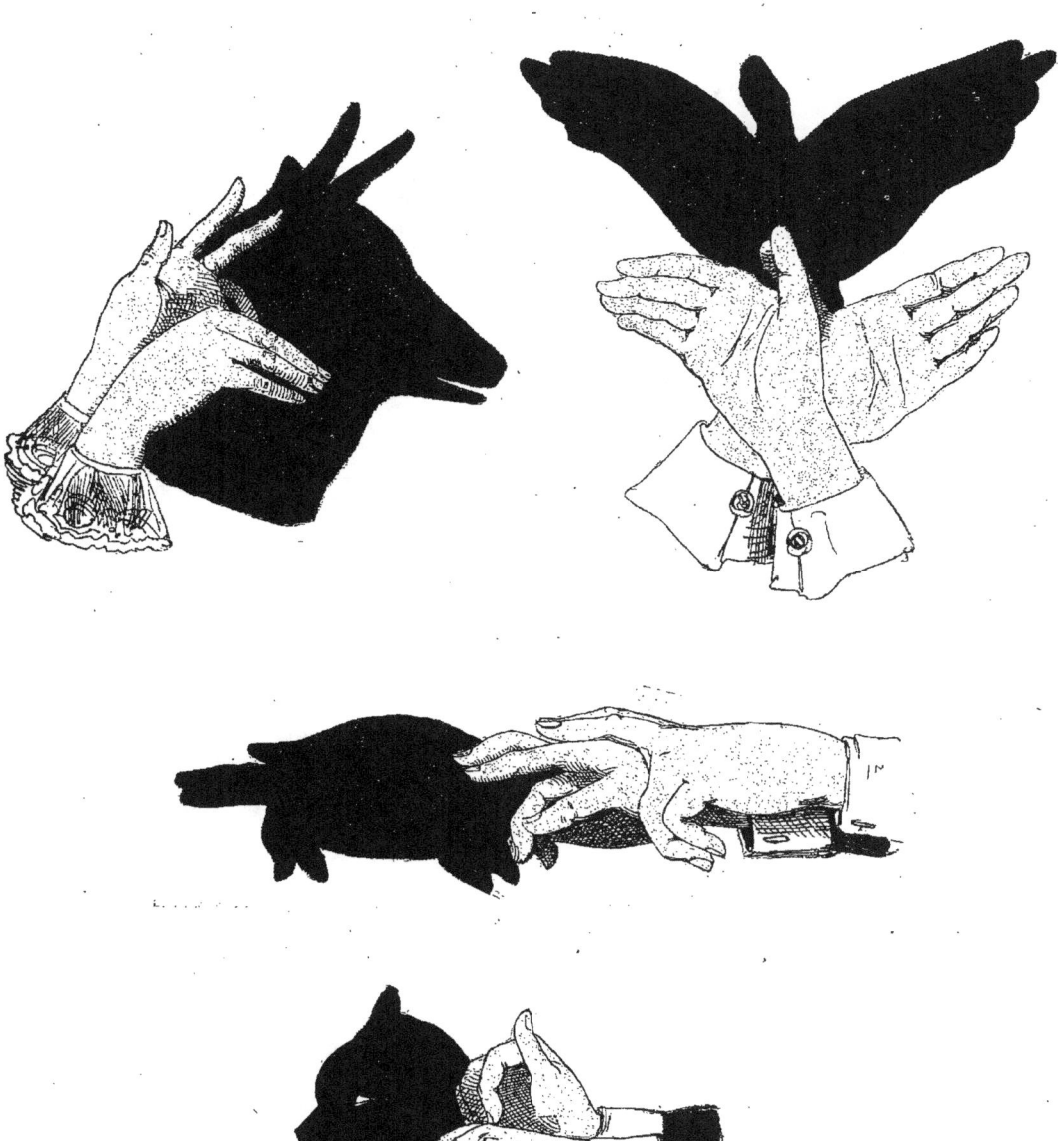

Nous sommes chez Guignol. Une foule idolâtre
Applaudit : on dirait un public de Romains.
    Guignol lui seul cache ses mains.
C'est lui qui fait mouvoir les pantins du théâtre.

Ainsi du monde, enfant. Vous en voyez le jeu,
Vous voyez s'agiter les acteurs sur la terre;
Mais vous ne voyez pas, car c'est là le mystère,
La Main qui tient le fil, la grande main de Dieu.

FIN.

Imprimerie générale de Ch. Lahure, rue de Fleurus, 9, à Paris

ALBUMS TRIM

POUR LES ENFANTS DE TROIS A SIX ANS

FORMAT PETIT IN-4°

Chacun de ces Albums, colorié et cartonné, se vend 3 francs.

A BC TRIM

ALPHABET ENCHANTÉ

Illustré par BERTALL.

PIERRE L'ÉBOURIFFÉ

JOYEUSES HISTOIRES ET IMAGES DROLATIQUES

Traduit de l'allemand du docteur HOFFMANN, sur la 360e édition

HISTOIRE COMIQUE ET TERRIBLE

DE

LOUSTIC L'ESPIÈGLE

Illustrée par BERTALL

JEAN BOURREAU, LE BOURREAU DES BÊTES

Illustré par Jundt.

LA JOURNÉE DE DEUX PETITS GARÇONS

Histoire du bon TOTO et du méchant TOM,

Illustrée par Jundt.

LA POUPÉE

Illustrée par Jundt.

LE CALCUL-AMUSANT

Illustré par Bertall.

HISTOIRE DE JEAN-JEAN GROS PATAUD

Illustrée par PELCOQ

LES BÊTES

Cours d'Histoire naturelle et de Morale

Illustré par BERTALL

LES DÉFAUTS HORRIBLES

Illustrés par JUNDT

I. GOURMANDS ET MALPROPRES

II. MENTEURS, ENVIEUX, CURIEUX, CRIARDS ET TRÉPIGNARDS

III. LE POLTRON

PARIS. — IMPRIMERIE GÉNÉRALE DE CH. LAHURE, RUE DE FLEURUS, 9

www.ingramcontent.com/pod-product-compliance
Lightning Source LLC
Chambersburg PA
CBHW061701180626
46818CB00003B/1209